TU MANUAL PERSONAL PARA VIVIR TU MEJOR VIDA

UN VIAJE DE 40 DÍAS HACIA LA FELICIDAD Y LA ORGANIZACIÓN

CLAUDIO ALVAREZ

ÍNDICE

Tu Manual Personal para Vivir Tu Mejor Vida

Autor: Claudio Alvarez

Print ISBN: 979-8-9912197-9-2
Primera edición, 2026

A todos aquellos que buscan claridad, propósito y crecimiento. Que este manual sea una luz en tu camino hacia tu mejor vida.

PRÓLOGO

Querido lector,

Este manual nace de una convicción profunda: todos tenemos dentro de nosotros la capacidad de crear una vida con claridad, propósito y plenitud. Durante años busqué herramientas que me ayudaran a organizar pensamientos, metas y acciones, y descubrí que lo más valioso es contar con una guía que uno mismo pueda construir y hacer evolucionar.

"Tu manual personal para vivir tu mejor vida" no es un libro para leer y guardar en un estante; es un compañero de viaje. Encontrarás reflexiones, preguntas y actividades que te invitan a mirar hacia adentro, planificar con intención y dar pasos concretos hacia la vida que sueñas.

Mi deseo es que cada página se convierta en un espejo de tu progreso y en un recordatorio de tu grandeza. No importa en qué momento de tu camino te encuentres: siempre puedes comenzar de nuevo, ajustar el rumbo y avanzar.

Gracias por dar este paso. Que este manual te sirva como faro y como mapa en tu travesía hacia tu mejor versión.

Con aprecio,

Claudio Alvarez

PREFACIO

Este manual ha sido creado en dos ediciones: una en español y otra en inglés.

El propósito es hacer que este viaje sea accesible para un público más amplio, sin perder la esencia de su inspiración original.

Ambas versiones conservan la misma estructura, las mismas reflexiones y las mismas frases motivadoras, para que puedas recorrer estos 40 días en el idioma que te resulte más cómodo.

Ya sea que lo leas en español o en inglés, mi deseo es el mismo:

Que este manual te acompañe y te guíe hacia la claridad,
el propósito y tu mejor versión.

— Claudio Alvarez

INTRODUCCIÓN

Este manual es tu guía, no un conjunto de reglas rígidas. Es una herramienta para tu crecimiento personal: un espacio para explorar, reflexionar y construir la vida que deseas. A lo largo de los próximos 40 días, te invito a escribir, soñar y planificar. Convierte este libro en el plano de tu mejor vida.

¡Felicidades por empezar este viaje!

FASE 1: ESTABLECIENDO LOS FUNDAMENTOS DE TU

MANUAL DE VIDA (DÍAS 1–10)

DÍA 1: INTRODUCE TU CONCEPTO DE MANUAL DE VIDA

Concepto: Un manual de vida es tu guía personal. Es un documento que contiene todo lo importante para ti, desde tu propósito hasta tus metas. Es el plano para vivir tu mejor vida.

Actividad: Reflexiona sobre la idea de tener una guía integral para tu vida. Piensa en cómo un manual de conducción te ayuda a conducir, o cómo la Biblia es una guía espiritual; tu manual será tu guía personal para tu mejor vida.

Escribe aquí:

¿QUÉ SIGNIFICA PARA TI LA IDEA DE TENER UNA GUÍA PERSONAL PARA TU VIDA? ¿QUÉ ESPERAS QUE TE AYUDE A LOGRAR?

_____

_____

_____

_____

_____

DÍA 2: REFLEXIONA SOBRE LA NECESIDAD DE UNA GUÍA PARA LA VIDA

Concepto: A menudo, las lecciones importantes de la vida y las metas a largo plazo se descuidan por las prioridades diarias. Se necesita una herramienta para recordar tus objetivos a largo plazo y vivir plenamente cada día.

Actividad: Piensa en los momentos en que te has sentido sin rumbo o cuando las lecciones importantes se han olvidado.

Escribe aquí:

¿EN QUÉ MOMENTOS TE HAS SENTIDO A LA DERIVA? ¿QUÉ LECCIONES DE VIDA IMPORTANTES HAS OLVIDADO CON EL TIEMPO?

_____

_____

_____

_____

_____

DÍA 3: DECIDE EL FORMATO DE TU MANUAL

Concepto: Elige entre un formato digital (Excel, MS Word, Evernote) o físico (un cuaderno). El digital ofrece facilidad de edición y acceso; el físico te permite la experiencia táctil de escribir.

Actividad: Investiga las opciones de formato. Prueba a crear una página de ejemplo en un formato digital y en un cuaderno físico.

Escribe aquí:

¿QUÉ FORMATO ELIGES PARA TU MANUAL Y POR QUÉ?

_____

_____

_____

_____

VENTAJAS DEL FORMATO ELEGIDO:

_____

_____

_____

_____

_____

DÍA 4: DESCUBRE TU PROPÓSITO DE VIDA

Concepto: Tu manual debe incluir tu propósito de vida. Esta es una de las secciones centrales y requiere pensamiento profundo y reflexión.

Actividad: Dedica tiempo a reflexionar. Pregúntate: "¿Por qué estoy aquí? ¿Qué quiero lograr con mi vida?". Escribe borradores de tu propósito de vida. No tiene que ser perfecto: es un trabajo en progreso.

Escribe aquí:

MIS BORRADORES DE PROPÓSITO DE VIDA.

BORRADOR 1:

_____

_____

_____

_____

BORRADOR 2:

_____

_____

_____

BORRADOR 3:

_____

_____

_____

_____

_____

_____

_____

DÍA 5: IDENTIFICA TUS VALORES PRINCIPALES

Concepto: Los valores son los principios que guían tus decisiones y acciones.

Actividad: Lista 5–10 valores clave que sean más importantes para ti.

Escribe aquí:

Valor 1: _____

¿POR QUÉ ES IMPORTANTE?

_____

_____

_____

_____

_____

Valor 2: _____

¿POR QUÉ ES IMPORTANTE?

_____

_____

_____

_____

_____

Valor 3: _____ ¿

POR QUÉ ES IMPORTANTE?

_____
_____
_____
_____
_____

Valor 4: _____ ¿

POR QUÉ ES IMPORTANTE?

_____
_____
_____
_____
_____

Valor 5: _____ ¿

POR QUÉ ES IMPORTANTE?

_____

_____

_____

_____

_____

DÍA 6: RECONOCE TUS FORTALEZAS Y ÁREAS DE MEJORA

Concepto: Conocer tus puntos fuertes y débiles es esencial para el crecimiento personal.

Actividad: Haz una lista de 5 fortalezas y 5 áreas de mejora. Piensa en cómo puedes usar tus fortalezas para trabajar en tus áreas de mejora.

MIS 5 FORTALEZAS:

_____

_____

_____

_____

_____

_____

MIS 5 ÁREAS DE MEJORA:

_____

_____

_____

_____

_____

_____

¿CÓMO PUEDO USAR MIS FORTALEZAS PARA MEJORAR MIS ÁREAS DÉBILES?

_____

_____

_____

_____

_____

_____

_____

DÍA 7: CREA TUS ADAGIOS PERSONALES (MOTTOS)

Concepto: Estos son tus lemas personales para vivir una gran vida; pueden ser citas inspiradoras o frases propias.

Lo mejor está por venir.

Actividad: Recopila 3–5 citas o crea tus propios lemas que te inspiren. Escríbelos en tu manual.

MIS ADAGIOS PERSONALES:

_____

_____

_____

_____

_____

_____

_____

DÍA 8: DEFINE TU VISIÓN DE VIDA IDEAL

Concepto: Tener una visión clara de cómo quieres que sea tu vida te ayuda a tomar decisiones alineadas con tus objetivos.

Actividad: Imagina tu vida ideal en 10 años. Describe detalladamente cómo te ves, qué haces, dónde vives y con quién compartes tu vida.

MI VISIÓN DE VIDA IDEAL:

_____

_____

_____

_____

_____

_____

EN MI VIDA PERSONAL:

_____

_____

_____

_____

_____

_____

EN MI CARRERA/TRABAJO:

_____

_____

_____

_____

_____

_____

EN MIS RELACIONES:

_____

_____

_____

_____

_____

_____

EN MI SALUD Y BIENESTAR:

_____

_____

_____

_____

_____

_____

_____

DÍA 9: IDENTIFICA TUS ROLES DE VIDA

Concepto: Todos tenemos múltiples roles (padre/madre, profesional, amigo, etc.). Reconocerlos te ayuda a equilibrar mejor tu tiempo y energía.

Actividad: Lista tus roles principales y define qué significa ser exitoso en cada uno.

MIS ROLES DE VIDA:

Rol 1: _____ ¿

QUÉ SIGNIFICA EL ÉXITO EN ESTE ROL?

_____

_____

_____

_____

_____

Rol 2: _____ ¿

QUÉ SIGNIFICA EL ÉXITO EN ESTE ROL?

_____

_____

_____

_____

Rol 3: _____ ¿

QUÉ SIGNIFICA EL ÉXITO EN ESTE ROL?

_____

_____

_____

_____

_____

_____

_____

Rol 4: _____ ¿

QUÉ SIGNIFICA EL ÉXITO EN ESTE ROL?

_____

_____

_____

_____

_____

Rol 5: _____ ¿

QUÉ SIGNIFICA EL ÉXITO EN ESTE ROL?

_____

_____

_____

_____

_____

DÍA 10: ESTABLECE TU MISIÓN PERSONAL

Concepto: Tu misión personal resume cómo planeas vivir y contribuir al mundo, basada en tus valores y propósito.

Actividad: Con todo lo que has descubierto, redacta tu declaración de misión personal.

MI DECLARACIÓN DE MISIÓN PERSONAL:

_____

_____

_____

_____

_____

¿CÓMO VIVIRÁS SEGÚN ESTA MISIÓN DIARIAMENTE?

_____

_____

_____

_____

_____

_____

FASE 2: PLANIFICACIÓN DETALLADA Y ACCIÓN

(DÍAS 11–20)

DÍA 11: DESGLOSA TUS METAS A LARGO PLAZO

Concepto: Descompón tus metas de vida en objetivos más pequeños: planes a 5, 3 y 1 año.

Actividad: Para tu meta principal, escribe qué necesitas lograr en los próximos 5, 3 y 1 año.

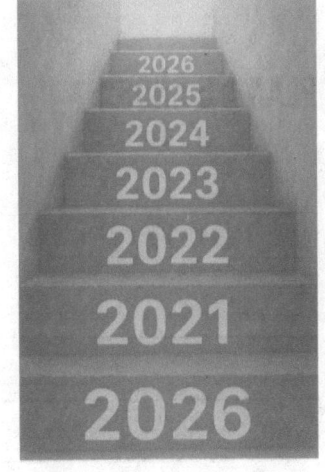

META PRINCIPAL DE VIDA:

_____

_____

_____

_____

_____

_____

_____

PLAN A 5 AÑOS:

_____

_____

_____

_____

_____

_____

PLAN A 3 AÑOS:

_____

_____

_____

_____

_____

_____

_____

PLAN A 1 AÑO:

_____

_____

_____

_____

_____

_____

_____

DÍA 12: ESTABLECE METAS A CORTO PLAZO

Concepto: Desglosa tu meta de 1 año en objetivos trimestrales, mensuales y semanales.

Actividad: Identifica hitos o tareas específicas por trimestre, mes y semana.

META DE 1 AÑO:

_____

_____

_____

_____

_____

Objetivos por trimestre:

Q1 (ENERO-MARZO):

_____

_____

_____

_____

_____

_____

_____

Q2 (ABRIL-JUNIO):

_____

_____

_____

_____

_____

_____

_____

Q3 (JULIO-SEPTIEMBRE):

_____

_____

_____

_____

_____

_____

_____

Q4 (OCTUBRE-DICIEMBRE):

_____

_____

_____

_____

_____

_____

_____

OBJETIVOS MENSUALES PARA EL PRÓXIMO MES:

_____

_____

_____

_____

_____

_____

_____

OBJETIVOS SEMANALES PARA LA PRÓXIMA SEMANA:

_____

_____

_____

_____

_____

_____

_____

DÍA 13: DISEÑA PLANES DE ACCIÓN Y HITOS

MAPA DE RUTA

Concepto: Crea planes de acción detallados y establece hitos intermedios para celebrar el progreso.

Actividad: Para una meta a corto plazo, crea un plan paso a paso e identifica 2–3 hitos.

META SELECCIONADA:

_____

_____

_____

_____

_____

_____

Plan de acción (pasos específicos):

PASO 1:

_____

_____

_____

_____

_____

_____

PASO 2:

_____

_____

_____

_____

_____

_____

_____

PASO 3:

_____

_____

_____

_____

_____

_____

_____

PASO 4:

_____

_____

_____

_____

_____

_____

_____

PASO 5:

_____

_____

_____

_____

_____

_____

_____

HITOS A CELEBRAR:

Hito 1: _____

Fecha: _____

Hito 2: _____

Fecha: _____

Hito 3: _____

Fecha: _____

DÍA 14: PLANIFICA ANTICIPADAMENTE OBSTÁCULOS

Concepto: Anticipa lo que podría desviarte y planifica cómo lo manejarás.

Actividad: Revisa tu calendario del próximo mes. ¿Hay eventos o periodos ocupados que puedan interferir con tus metas?

Obstáculos potenciales:

OBSTÁCULO 1:

_____

_____

_____

_____

PLAN PARA SUPERARLO:

_____

_____

_____

_____

_____

_____

OBSTÁCULO 2:

_____

_____

_____

_____

_____

_____

_____

PLAN PARA SUPERARLO:

_____

_____

_____

_____

_____

_____

_____

OBSTÁCULO 3:

_____

_____

_____

_____

_____

_____

_____

PLAN PARA SUPERARLO:

_____

_____

_____

_____

_____

_____

_____

ESTRATEGIAS GENERALES PARA MANTENERTE EN EL CAMINO:

_____

_____

_____

_____

_____

_____

_____

DÍA 15: CONECTA TUS METAS CON HÁBITOS DIARIOS

Concepto: Los hábitos alineados con tus metas facilitan el progreso.

Actividad: Identifica 1–3 hábitos diarios que te ayuden a alcanzar una meta clave.

META SELECCIONADA:

_____

_____

_____

_____

_____

_____

HÁBITO 1:

_____

_____

_____

_____

_____

_____

¿CUÁNDO LO HARÉ?

_____

_____

_____

_____

_____

_____

_____

¿CÓMO ME ASEGURARÉ DE HACERLO?

_____

_____

_____

_____

_____

_____

_____

HÁBITO-2:

_____

_____

_____

_____

_____

_____

_____

¿CUÁNDO LO HARÉ?

_____

_____

_____

_____

_____

_____

_____

¿CÓMO ME ASEGURARÉ DE HACERLO?

_____

_____

_____

_____

_____

_____

_____

HÁBITO-3:

_____

_____

_____

_____

_____

_____

_____

¿CUÁNDO LO HARÉ?

_____

_____

_____

_____

_____

_____

_____

¿CÓMO ME ASEGURARÉ DE HACERLO?

_____

_____

_____

_____

_____

_____

DÍA 16: CREA TU SISTEMA DE SEGUIMIENTO

Concepto: Lo que se mide, mejora. Necesitas un sistema para rastrear tu progreso.

Actividad: Diseña un sistema simple para registrar tus metas y hábitos.

¿Cómo haré seguimiento de mis metas?

- ☐ Diario/Journal
- ☐ Aplicación móvil
- ☐ Hoja de cálculo
- ☐ Calendario
- ☐ Otro:

_____

Métricas que mediré:

PARA MI META PRINCIPAL:

_____

_____

_____

_____

_____

_____

_____

PARA MIS HÁBITOS DIARIOS:

_____

_____

_____

_____

_____

_____

¿CON QUÉ FRECUENCIA REVISARÉ MI PROGRESO?

- ☐ Diariamente
- ☐ Semanalmente
- ☐ Mensualmente

¿QUÉ HARÉ SI NO ESTOY PROGRESANDO COMO ESPERABA?

_____

_____

_____

_____

_____

_____

_____

DÍA 17: IDENTIFICA TUS RECURSOS Y HERRAMIENTAS

Concepto: Para alcanzar tus metas necesitarás recursos: tiempo, dinero, conocimientos, conexiones y herramientas.

Actividad: Lista los recursos que necesitas y cómo los obtendrás.

Para mi meta principal, necesito:

TIEMPO: ¿DÓNDE ENCONTRARÉ ESTE TIEMPO?

_____

_____

_____

_____

_____

_____

DINERO/PRESUPUESTO:

_____

_____

_____

_____

_____

_____

¿CÓMO LO OBTENDRÉ?

_____

_____

_____

_____

_____

_____

_____

CONOCIMIENTOS/HABILIDADES:

_____

_____

_____

_____

_____

_____

_____

¿CÓMO LOS ADQUIRIRÉ?

_____

_____

_____

_____

_____

_____

_____

CONEXIONES/RED DE CONTACTOS:

_____

_____

_____

_____

_____

_____

_____

¿CÓMO LAS DESARROLLARÉ?

_____

_____

_____

_____

_____

_____

_____

HERRAMIENTAS/EQUIPO:

_____

_____

_____

_____

_____

_____

_____

¿CÓMO LOS CONSEGUIRÉ?

_____

_____

_____

_____

_____

_____

DÍA 18: PLANIFICA TU RUTINA IDEAL

Concepto: Una rutina bien estructurada te ayuda a ser constante.

Actividad: Diseña tu rutina diaria ideal, reservando tiempo para metas y hábitos.

MI RUTINA MATUTINA IDEAL:

5:00 AM: _____

6:00 AM: _____

7:00 AM: _____

8:00 AM: _____

9:00 AM: _____

MI RUTINA DE TRABAJO/DÍA:

10:00 AM: _____

12:00 PM: _____

2:00 PM: _____

4:00 PM: _____

6:00 PM: _____

MI RUTINA VESPERTINA IDEAL:

7:00 PM: _____

8:00 PM: _____

9:00 PM: _____

10:00 PM: _____

¿QUÉ AJUSTES NECESITO HACER A MI RUTINA ACTUAL?

_____

_____

_____

_____

_____

_____

_____

DÍA 19: ESTABLECE TU SISTEMA DE RECOMPENSAS

Concepto: Las recompensas mantienen la motivación y celebran los logros.

Actividad: Define recompensas para diferentes niveles de logro.

RECOMPENSAS PARA LOGROS DIARIOS (HÁBITOS COMPLETADOS):

_____

_____

_____

_____

_____

_____

RECOMPENSAS PARA LOGROS SEMANALES (METAS SEMANALES CUMPLIDAS):

_____

_____

_____

_____

_____

_____

RECOMPENSAS PARA LOGROS MENSUALES (METAS MENSUALES CUMPLIDAS):

_____

_____

_____

_____

_____

_____

_____

RECOMPENSAS PARA HITOS IMPORTANTES (LOGROS SIGNIFICATIVOS):

_____

_____

_____

_____

_____

_____

_____

¿CÓMO CELEBRARÉ CUANDO ALCANCE MI META PRINCIPAL?

_____

_____

_____

_____

_____

_____

_____

DÍA 20: CREA TU PLAN DE CONTINGENCIA

Concepto: Siempre habrá días difíciles. Un plan de respaldo mantiene el ímpetu.

Actividad: Diseña versiones "mínimas" de tus hábitos para días complicados.

EL PARACAÍDAS DEL PROGRESO

CUANDO TENGO POCO TIEMPO, MI VERSIÓN MÍNIMA ES:

Hábito principal: Normal:

_____

Mínimo:

_____

Hábito secundario: Normal:

_____

Mínimo:

_____

CUANDO ME SIENTO SIN MOTIVACIÓN, HARÉ:

_____

_____

_____

_____

_____

_____

_____

CUANDO ENFRENTE UNA CRISIS O EMERGENCIA, MI PRIORIDAD SERÁ:

_____

_____

_____

_____

_____

_____

_____

¿A QUIÉN PUEDO RECURRIR CUANDO NECESITE APOYO?

_____

_____

_____

_____

_____

_____

FRASES DE MOTIVACIÓN PERSONAL PARA DÍAS DIFÍCILES:

_____

_____

_____

_____

_____

_____

FASE 3: CULTIVANDO EL BIENESTAR Y LA CONCIENCIA

(DÍAS 21–30)

DÍA 21: BUSCA APOYO Y ESTÍMULO

Concepto: Es más fácil mantenerse motivado con personas positivas a tu alrededor.

Actividad: Identifica a 1–2 personas que te apoyen. Comparte una meta. Busca una comunidad afín.

MIS PERSONAS DE APOYO:

PERSONA 1: _____

¿CÓMO ME PUEDE AYUDAR?

_____

_____

_____

_____

_____

¿QUÉ META COMPARTÍ CON ESTA PERSONA?

_____

_____

_____

_____

_____

_____

PERSONA-2:_____

¿CÓMO ME PUEDE AYUDAR?

_____
_____
_____
_____
_____

¿QUÉ META COMPARTÍ CON ESTA PERSONA?

_____
_____
_____
_____
_____
_____

COMUNIDADES O GRUPOS QUE PODRÍAN APOYARME:

_____

_____

_____

_____

_____

_____

¿CÓMO PUEDO APOYAR A OTROS TAMBIÉN?

_____

_____

_____

_____

_____

_____

DÍA 22: ABRAZA EL CAMBIO

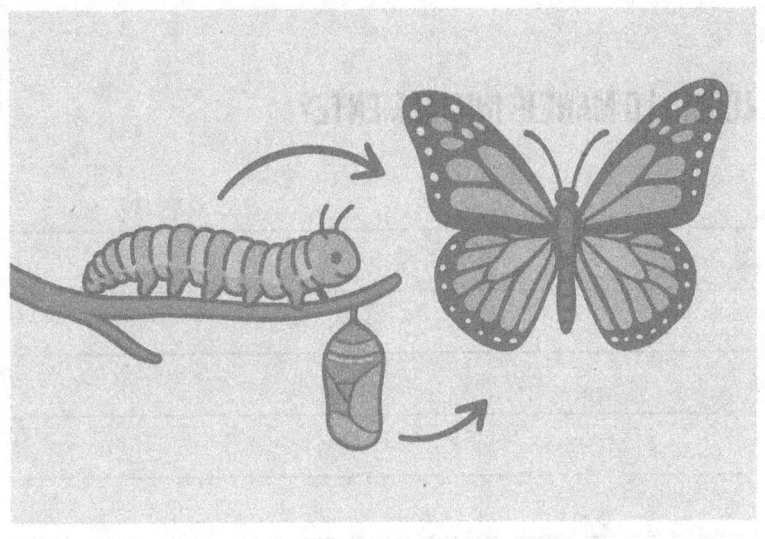

Concepto: El cambio es vital para la felicidad y el éxito.
Aceptarlo permite crecer.

Actividad: Reflexiona sobre un cambio reciente. ¿Cómo lo manejaste? ¿Qué aprendiste? ¿Cómo abrazarás cambios futuros con mentalidad de crecimiento?

UN CAMBIO RECIENTE EN MI VIDA:

_____

_____

_____

_____

_____

¿CÓMO LO MANEJÉ INICIALMENTE?

_____

_____

_____

_____

_____

_____

_____

¿QUÉ APRENDÍ DE ESTA EXPERIENCIA?

_____

_____

_____

_____

_____

_____

_____

¿QUÉ HUBIERA HECHO DIFERENTE?

_____

_____

_____

_____

_____

_____

_____

¿CÓMO PUEDO ABRAZAR MEJOR LOS CAMBIOS FUTUROS?

1.

2.

3.

MI NUEVA MENTALIDAD HACIA EL CAMBIO:

_____

_____

_____

_____

DÍA 23: LIBÉRATE DE LO INCONTROLABLE

Concepto: Intentar controlarlo todo genera frustración. Sí puedes controlar tu reacción.

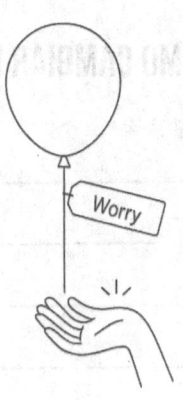

Actividad: Lista 2–3 cosas que te estresan y no puedes controlar. Redefine tu enfoque.

COSAS QUE ME ESTRESAN Y NO PUEDO CONTROLAR:

_____

_____

_____

_____

_____

_____

_____

¿CÓMO CAMBIAR MI ACTITUD ANTE ESTO?

_____

_____

_____

_____

_____

_____

_____

_____

¿EN QUÉ SÍ PUEDO ENFOCARME?

_____

_____

_____

_____

_____

_____

_____

¿CÓMO CAMBIAR MI ACTITUD ANTE ESTO?

_____

_____

_____

_____

_____

_____

_____

¿EN QUÉ SÍ PUEDO ENFOCARME?

_____

_____

_____

_____

_____

_____

_____

¿CÓMO CAMBIAR MI ACTITUD ANTE ESTO?

_____

_____

_____

_____

_____

_____

_____

¿EN QUÉ SÍ PUEDO ENFOCARME?

_____

_____

_____

_____

_____

_____

MI NUEVA FILOSOFÍA DE CONTROL:

_____

_____

_____

_____

_____

_____

DÍA 24: CULTIVA EL DIÁLOGO INTERNO POSITIVO

Concepto: La mente mal gestionada puede ser destructiva. Reemplaza pensamientos negativos por afirmaciones útiles.

Actividad: Observa tu diálogo interno. Cuando aparezca un pensamiento negativo, desafíalo y reescríbelo.

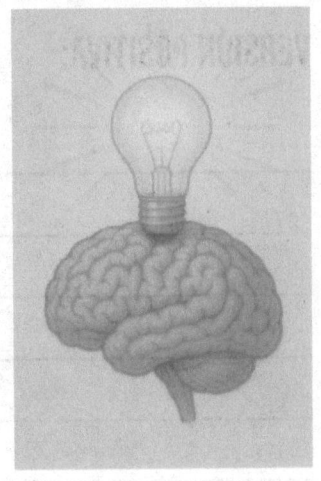

EJEMPLOS:

PENSAMIENTO NEGATIVO:

_____

_____

_____

_____

_____

VERSIÓN POSITIVA:

_____

_____

_____

_____

_____

_____

_____

PENSAMIENTO NEGATIVO:

_____

_____

_____

_____

_____

_____

_____

VERSIÓN POSITIVA:

_____

_____

_____

_____

_____

_____

_____

PENSAMIENTO NEGATIVO:

_____

_____

_____

_____

_____

_____

VERSIÓN POSITIVA:

_____

_____

_____

_____

_____

_____

MIS AFIRMACIONES DIARIAS:

_____

_____

_____

_____

_____

_____

_____

¿CUÁNDO Y CÓMO PRACTICARÉ ESTAS AFIRMACIONES?

_____

_____

_____

_____

_____

_____

_____

DÍA 25: ABANDONA LA PROCRASTINACIÓN, LA CULPA Y LAS EXCUSAS

Concepto: Procrastinar complica todo; culpar niega responsabilidad; las excusas frenan el avance.

Actividad: Elige una tarea postergada. Da un paso pequeño hoy. Reflexiona sobre alguna situación en la que culpaste a alguien.

UNA TAREA QUE HE ESTADO POSPONIENDO:

_____

_____

_____

_____

_____

¿POR QUÉ LA EVITÉ?

_____

_____

_____

_____

_____

_____

¿QUÉ PASO PEQUEÑO PUEDO DAR HOY?

_____

_____

_____

_____

_____

_____

_____

¿QUÉ PASO DI HOY?

_____

_____

_____

_____

_____

_____

_____

UNA SITUACIÓN RECIENTE DONDE CULPÉ A ALGUIEN:

_____

_____

_____

_____

_____

_____

_____

¿CÓMO ASUMO RESPONSABILIDAD?

_____

_____

_____

_____

_____

_____

_____

MIS EXCUSAS COMUNES Y CÓMO ELIMINARLAS:

EXCUSA 1:

_____
_____
_____
_____
_____

EN SU LUGAR DIRÉ/HARÉ:

_____
_____
_____
_____
_____
_____
_____

EXCUSA 2:

_____
_____
_____
_____
_____
_____
_____

EN SU LUGAR DIRÉ/HARÉ:

_____
_____
_____
_____
_____
_____
_____

EXCUSA 3:

_____

_____

_____

_____

_____

_____

EN SU LUGAR DIRÉ/HARÉ:

_____

_____

_____

_____

_____

_____

DÍA 26: ENFRENTA TUS PROBLEMAS Y MIEDOS

Concepto: Miedos y problemas impiden decidir. Enfrentarlos de frente es la mejor vía.

Actividad: Identifica un miedo o problema evitado. Escribe 2–3 pasos crecientes para enfrentarlo.

UN MIEDO O PROBLEMA EVITADO:

_____

_____

_____

_____

_____

_____

¿POR QUÉ ME DA MIEDO?

_____

_____

_____

_____

_____

_____

¿CUÁL SERÍA EL PEOR ESCENARIO POSIBLE?

_____

_____

_____

_____

_____

_____

_____

Probabilidad real de ese escenario: ____%

BENEFICIOS DE ENFRENTARLO:

_____

_____

_____

_____

_____

_____

_____

Plan de acción:

PASO 1 (PEQUEÑO):

_____

_____

_____

_____

_____

Fecha límite: _____

PASO 2 (MEDIANO):

_____

_____

_____

_____

_____

Fecha límite: _____

PASO 3 (COMPLETO):

_____

_____

_____

_____

_____

Fecha límite: _____

¿QUIÉN PUEDE APOYARME?

_____

_____

_____

_____

_____

_____

DÍA 27: DESARROLLA INTELIGENCIA EMOCIONAL

Concepto: Reconocer, entender y gestionar emociones propias y ajenas es clave.

Actividad: Reflexiona sobre tus patrones emocionales y define estrategias.

EMOCIONES MÁS FRECUENTES:

POSITIVAS:

_____

_____

_____

_____

_____

NEGATIVAS:

_____

_____

_____

_____

SITUACIONES QUE ME PROVOCAN EMOCIONES FUERTES:

SITUACIÓN 1:

_____

_____

_____

_____

_____

EMOCIÓN QUE PROVOCA:

_____

_____

_____

_____

_____

_____

¿CÓMO MANEJARLA MEJOR?

_____

_____

_____

_____

_____

_____

SITUACIÓN 2:

_____

_____

_____

_____

_____

_____

EMOCIÓN QUE PROVOCA:

_____

_____

_____

_____

_____

_____

¿CÓMO MANEJARLA MEJOR?

_____

_____

_____

_____

_____

_____

_____

ESTRATEGIAS PARA MANEJAR EMOCIONES DIFÍCILES:

_____

_____

_____

_____

_____

_____

_____

¿CÓMO SER MÁS EMPÁTICO CON OTROS?

_____

_____

_____

_____

_____

DÍA 28: PRACTICA LA GRATITUD Y LA ATENCIÓN PLENA

Concepto: La gratitud enfoca en lo positivo; la atención plena te ancla al presente.

Actividad: Define una práctica diaria de gratitud y mindfulness.

LA FLOR DE LA ATENCIÓN PLENA

CALMA   EQUILIBRIO

TRES COSAS POR LAS QUE ESTOY AGRADECIDO HOY:

1.

2.

3.

¿POR QUÉ ESTOY AGRADECIDO POR CADA UNA?

#1:

_____

_____

_____

_____

#2:

_____

_____

_____

_____

_____

_____

_____

#3:

_____

_____

_____

_____

_____

_____

_____

MI PRÁCTICA SERÁ:

☐ Meditación (_____ minutos diarios)

☐ Respiración consciente

☐ Caminatas conscientes

☐ Comer con atención

☐ Otro:

_____

¿CUÁNDO LA PRACTICARÉ CADA DÍA?

_____

_____

_____

_____

_____

_____

¿CÓMO ME SIENTO CUANDO PRACTICO GRATITUD Y ATENCIÓN PLENA?

_____

_____

_____

_____

_____

DÍA 29: CONSTRUYE Y FORTALECE RELACIONES

Concepto: Relaciones sólidas predicen felicidad y bienestar.

Actividad: Contacta a alguien importante. Expresa gratitud.

PERSONAS IMPORTANTES EN MI VIDA:

FAMILIA:

_____

_____

_____

_____

_____

_____

AMIGOS:

_____

_____

_____

_____

_____

COLEGAS/MENTORES:

_____

_____

_____

_____

_____

_____

_____

¿A QUIÉN CONTACTÉ HOY?

_____

_____

_____

_____

_____

_____

_____

¿QUÉ LE DIJE/ESCRIBÍ?

_____

_____

_____

_____

_____

_____

_____

¿A QUIÉN EXPRESÉ GRATITUD HOY?

_____

_____

_____

_____

_____

_____

_____

¿CÓMO LO HICE?

_____

_____

_____

_____

_____

_____

_____

¿CÓMO SER MÁS INTENCIONAL EN MIS RELACIONES?

1.

2.

3.

DÍA 30: SIMPLIFICA Y ORGANIZA TU VIDA

Concepto: El desorden físico y mental consume energía. Simplificar aporta claridad.

Actividad: Organiza un espacio y elimina compromisos que no agreguen valor.

ÁREA QUE ORGANICÉ HOY:

_____

_____

_____

_____

_____

_____

_____

¿QUÉ ELIMINÉ/DONÉ/ORGANICÉ?

_____

_____

_____

_____

_____

_____

_____

¿CÓMO ME SIENTO EN ESTE ESPACIO AHORA?

_____

_____

_____

_____

_____

_____

COMPROMISOS QUE PUEDO ELIMINAR:

_____

_____

_____

_____

_____

_____

¿POR QUÉ PUEDO ELIMINARLOS?

_____

_____

_____

_____

_____

_____

MI NUEVA FILOSOFÍA SOBRE LA SIMPLICIDAD:

_____

_____

_____

_____

_____

_____

FASE 4: PROFUNDIZANDO EN TU MEJOR VIDA Y CRECIMIENTO CONTINUO

(DÍAS 31–40)

DÍA 31: BIENESTAR FÍSICO – SUEÑO Y EJERCICIO

Concepto: Dormir suficiente y ejercitarte mejora tu salud integral.

Actividad: Duerme una hora extra hoy. Camina 30 minutos o realiza una actividad física que disfrutes.

MI RUTINA DE SUEÑO ACTUAL:

¿A qué hora me acuesto normalmente?

_____

¿A qué hora me levanto normalmente?

_____

¿Cuántas horas duermo en promedio?

_____

CALIDAD DE MI SUEÑO:

☐ Excelente

☐ Buena

☐ Regular

☐ Mala

PARA MEJORAR MI SUEÑO VOY A:

_____

_____

_____

_____

ACTIVIDAD FÍSICA DE HOY:

_____

_____

_____

_____

_____

Duración: _____

¿CÓMO ME SIENTO DESPUÉS DEL EJERCICIO?

_____

_____

_____

_____

_____

_____

_____

¿CÓMO ME SENTÍ AL PRIORIZAR EL SUEÑO Y EL EJERCICIO HOY?

_____

_____

_____

_____

_____

_____

_____

DÍA 32: BIENESTAR FÍSICO – ALIMENTACIÓN E HIDRATACIÓN

Concepto: Reduce azúcar y cafeína. Bebe suficiente agua.

Actividad: Elimina hoy un alimento azucarado. Cambia una bebida por agua.

MI ALIMENTACIÓN TÍPICA:

DESAYUNO:

_____

_____

_____

_____

_____

_____

ALMUERZO:

_____

_____

_____

_____

_____

CENA:

_____

_____

_____

_____

_____

_____

_____

SNACKS FRECUENTES:

_____

_____

_____

_____

_____

_____

_____

AZÚCAR ELIMINADA HOY:

_____

_____

_____

_____

_____

_____

_____

¿POR QUÉ LA ELEGÍ?

_____

_____

_____

_____

_____

_____

_____

BEBIDA SUSTITUIDA POR AGUA:

_____

_____

_____

_____

_____

VASOS DE AGUA HOY: _____

¿CÓMO ME SIENTO CON ESTOS CAMBIOS?

_____

_____

_____

_____

_____

NOTAS DE ALIMENTACIÓN E HIDRATACIÓN:

_____

_____

_____

_____

_____

_____

_____

CAMBIOS PERMANENTES QUE HARÉ:

1.

2.

3.

DÍA 33: BIENESTAR MENTAL – LEE Y EJERCITA TU CEREBRO

Concepto: Leer inspira; ejercitar la mente prepara para resolver problemas.

Actividad: Lee un libro inspirador. Realiza una actividad mental exigente.

LIBROS EN MI LISTA:

_____

_____

_____

_____

_____

_____

LIBRO INSPIRADOR ACTUAL:

_____

_____

_____

_____

_____

_____

¿DE QUÉ TRATA?

_____

_____

_____

_____

_____

_____

¿QUÉ LEÍ HOY?

_____

_____

_____

_____

_____

_____

IDEA O CONCEPTO QUE MÁS ME IMPACTÓ:

_____

_____

_____

_____

_____

_____

ACTIVIDAD MENTAL DE HOY:

- ☐ Rompecabezas/Sudoku
- ☐ Crucigramas
- ☐ Ajedrez
- ☐ Aprender algo nuevo
- ☐ Resolver un problema complejo
- ☐ Otro: _____

Duración: _____

¿QUÉ APRENDÍ O PRACTIQUÉ?

_____

_____

_____

_____

_____

_____

¿CÓMO HACER DEL APRENDIZAJE UN HÁBITO DIARIO?

_____

_____

_____

_____

_____

DÍA 34: BIENESTAR EMOCIONAL — RÍE Y AYUDA

Concepto: La risa y el servicio elevan tu bienestar.

Actividad: Busca oportunidades para reír. Ayuda a alguien, aunque sea con un gesto pequeño.

¿QUÉ ME HIZO REÍR HOY?

SITUACIÓN 1:

_____

_____

_____

_____

_____

SITUACIÓN 2:

_____

_____

_____

_____

_____

_____

_____

¿CON QUIÉN COMPARTÍ RISAS?

\
\
\
\
\
\
\

¿CÓMO ME SENTÍ DESPUÉS?

\
\
\
\
\
\
\

¿CÓMO AYUDÉ A ALGUIEN HOY?

_____

_____

_____

_____

_____

_____

¿A QUIÉN AYUDÉ?

_____

_____

_____

_____

_____

_____

¿CÓMO REACCIONÓ?

_____

_____

_____

_____

_____

_____

¿CÓMO ME HIZO SENTIR AYUDAR?

_____

_____

_____

_____

_____

_____

FORMAS DE AYUDAR REGULARMENTE:

1.

2.

3.

FUENTES DE ALEGRÍA Y HUMOR EN MI VIDA:

_____

_____

_____

_____

_____

DÍA 35: DESCONÉCTATE DE DISPOSITIVOS Y COMPARACIONES

Concepto: Desconectar antes de dormir mejora el descanso. Evitar comparaciones en redes mejora la autoestima.

Actividad: Establece un horario libre de pantallas.

USO ACTUAL DE DISPOSITIVOS:

Horas al día en teléfono: _____

_____

_____

_____

_____

_____

Tiempo diario en redes sociales: _____

PLAN DE DESCONEXIÓN DIGITAL:

Horario sin dispositivos: de _____ a _____

¿QUÉ HARÉ EN LUGAR DE USAR DISPOSITIVOS?

_____

_____

_____

_____

_____

_____

_____

¿CÓMO ME SIENTO SIN ACCESO CONSTANTE AL TELÉFONO?

_____

_____

_____

_____

_____

REFLEXIONES SOBRE COMPARARME CON OTROS:

¿CON QUIÉN ME COMPARO FRECUENTEMENTE?

_____

_____

_____

_____

_____

_____

_____

¿CÓMO ME HACE SENTIR?

_____

_____

_____

_____

_____

_____

¿QUÉ ES REAL Y QUÉ ES "LO MEJOR" EN REDES?

_____

_____

_____

_____

_____

_____

MIS REFLEXIONES SOBRE DESCONEXIÓN DIGITAL:

_____

_____

_____

_____

_____

_____

_____

CAMBIOS PERMANENTES EN MI USO DE TECNOLOGÍA:

1.

2.

3.

DÍA 36: REFLEXIÓN ANUAL Y LECCIONES APRENDIDAS

Concepto: Revisa metas y aprendizajes cada año.

Actividad: Abre la sección "Reflexiones Anuales". Registra logros y lecciones.

REFLEXIONES ANUALES

Año: _____

MAYORES LOGROS:

_____

_____

_____

_____

_____

_____

MAYORES DESAFÍOS:

_____

_____

_____

_____

_____

¿CÓMO CRECÍ ESTE AÑO?

_____

_____

_____

_____

_____

LECCIONES MÁS IMPORTANTES:

LECCIÓN 1:

_____

_____

_____

_____

_____

_____

_____

LECCIÓN 2:

_____

_____

_____

_____

_____

_____

_____

LECCIÓN 3:

_____

_____

_____

_____

_____

_____

_____

METAS LOGRADAS ESTE AÑO:

_____

_____

_____

_____

_____

_____

_____

METAS NO LOGRADAS Y POR QUÉ:

_____

_____

_____

_____

_____

_____

_____

¿QUÉ HARÉ DIFERENTE EL PRÓXIMO AÑO?

_____

_____

_____

_____

_____

_____

_____

PALABRA CLAVE PARA EL PRÓXIMO AÑO:

_____

_____

_____

_____

_____

_____

_____

DÍA 37: FLEXIBILIDAD Y ADAPTACIÓN DE METAS

Concepto: Las metas cambian con el tiempo. Si una meta ya no te atrae, déjala ir o ajústala.

Actividad: Revisa una meta a largo plazo y actualízala si es necesario.

META 1:

_____

_____

_____

_____

_____

_____

¿SIGUE SIENDO RELEVANTE?

☐ Sí

☐ No

☐ Parcialmente

¿POR QUÉ?

_____

_____

_____

_____

_____

¿CÓMO LA AJUSTARÉ?

_____

_____

_____

_____

_____

META 2:

_____

_____

_____

_____

_____

_____

¿SIGUE SIENDO RELEVANTE?

☐ Sí

☐ No

☐ Parcialmente

¿POR QUÉ?

_____

_____

_____

_____

_____

¿CÓMO LA AJUSTARÉ?

_____

_____

_____

_____

_____

_____

META 3:

_____

_____

_____

_____

_____

_____

¿SIGUE SIENDO RELEVANTE?

- ☐ Sí
- ☐ No
- ☐ Parcialmente

¿POR QUÉ?

_____

_____

_____

_____

_____

¿CÓMO LA AJUSTARÉ?

_____

_____

_____

_____

_____

_____

¿CÓMO HE ADAPTADO MIS PLANES BASÁNDOME EN MI EXPERIENCIA?

_____

_____

_____

_____

_____

_____

NUEVA META QUE QUIERO AGREGAR:

_____

_____

_____

_____

¿POR QUÉ ES IMPORTANTE AHORA?

_____

_____

_____

_____

_____

DÍA 38: MANTÉN LA VISIÓN DE SER UNA MEJOR PERSONA

Concepto: Pregúntate: "¿Le debo a mi vida lo mejor que tengo para ofrecer?"

Actividad: Elige un aspecto de tu vida y define acciones concretas.

¿LE ESTOY DANDO A MI VIDA LO MEJOR QUE TENGO PARA OFRECER?

☐ Definitivamente sí

☐ En la mayoría de las áreas

☐ En algunas áreas

☐ Necesito mejorar mucho

ASPECTO QUE ELEGÍ PARA MEJORAR:

_____

_____

_____

_____

_____

_____

_____

¿CÓMO DARLE LO MEJOR DE MÍ?

_____

_____

_____

_____

_____

_____

_____

ACCIONES CONCRETAS:

ACCIÓN 1:

_____

_____

_____

_____

_____

Inicio: _____

ACCIÓN 2:

_____

_____

_____

_____

_____

Inicio: _____

ACCIÓN 3:

_____

_____

_____

_____

_____

_____

_____

Inicio: _____

¿QUÉ ME INSPIRA A SER MEJOR PERSONA?

_____

_____

_____

_____

_____

_____

MI DEFINICIÓN DE "SER UNA MEJOR PERSONA":

_____

_____

_____

_____

_____

_____

MI COMPROMISO:

_____

_____

_____

_____

_____

_____

DÍA 39: LA MAESTRÍA DEL DÍA — CONVIERTE METAS EN HÁBITOS

Concepto: El logro se construye con acciones diarias.

Actividad: Elige una meta pendiente. Redúcela al hábito más pequeño posible. Empieza mañana.

MI META PENDIENTE MÁS IMPORTANTE:

_____

_____

_____

_____

_____

_____

¿POR QUÉ ES IMPORTANTE?

_____

_____

_____

_____

_____

_____

HÁBITO DIARIO MÁS PEQUEÑO QUE ME ACERCA A LA META:

_____

_____

_____

_____

_____

_____

_____

Duración diaria del hábito: _____

¿CUÁNDO LO HARÉ CADA DÍA?

_____

_____

_____

_____

_____

¿QUÉ NECESITO PARA HACERLO POSIBLE?

_____

_____

_____

_____

_____

_____

PLAN DE CONTINGENCIA SI NO PUEDO HACERLO UN DÍA:

_____

_____

_____

_____

_____

_____

Mi compromiso: me comprometo a este hábito durante
_____ días consecutivos, comenzando mañana.

RECOMPENSAS POR MANTENER EL HÁBITO:

_____

_____

_____

_____

_____

DESPUÉS DE 7 DÍAS:

_____

_____

_____

_____

_____

DESPUÉS DE 30 DÍAS:

_____

_____

_____

_____

_____

_____

DESPUÉS DE 90 DÍAS:

_____

_____

_____

_____

_____

_____

Mi compromiso: me comprometo a este hábito durante
_____ días consecutivos, comenzando mañana.

RECOMPENSAS POR MANTENER EL HÁBITO:

_____

_____

_____

_____

_____

DESPUÉS DE 7 DÍAS:

_____

_____

_____

_____

_____

DESPUÉS DE 30 DÍAS:

_____

_____

_____

_____

_____

_____

DESPUÉS DE 90 DÍAS:

_____

_____

_____

_____

_____

_____

META E "HÁBITO MÁS PEQUEÑO" (RESUMEN):

_____

_____

_____

_____

_____

_____

_____

DÍA 40: CELEBRACIÓN Y COMPROMISO CONTINUO

Concepto: Al lograr una meta, celebra. Tu manual es un trabajo en progreso.

Actividad: Celebra tu avance de 40 días. Revisa tu manual. Escribe tu compromiso de continuidad.

CELEBRACIÓN DE MIS 40 DÍAS

¿QUÉ LOGRÉ?

_____

_____

_____

_____

_____

¿CÓMO ME SIENTO DIFERENTE FRENTE AL DÍA 1?

_____

_____

_____

_____

_____

_____

MIS MAYORES APRENDIZAJES (INSIGHTS):

INSIGHT 1:

_____

_____

_____

_____

_____

INSIGHT 2:

_____

_____

_____

_____

_____

_____

_____

INSIGHT 3:

_____

_____

_____

_____

_____

_____

_____

HÁBITOS QUE DESARROLLÉ:

_____

_____

_____

_____

_____

_____

¿CÓMO CELEBRARÉ ESTE LOGRO?

_____

_____

_____

_____

_____

_____

_____

MI COMPROMISO PERSONAL:

_____

_____

_____

_____

_____

_____

_____

Fecha: _____

Firma: _____

REFLEXIÓN FINAL Y CIERRE
REPASA TUS 40 DÍAS

¿QUÉ CAMBIÓ EN TU CLARIDAD?

_____

_____

_____

_____

_____

_____

¿QUÉ CAMBIÓ EN TU PROPÓSITO?

_____

_____

_____

_____

_____

_____

¿QUÉ CAMBIÓ EN TU CRECIMIENTO PERSONAL?

_____

_____

_____

_____

_____

_____

_____

TRES CAMBIOS MÁS SIGNIFICATIVOS EN MI VIDA:

1.

2.

3.

¿CÓMO CONTINUARÉ USANDO ESTE MANUAL?

☐ Lo revisaré semanalmente

☐ Lo revisaré mensualmente

☐ Lo revisaré trimestralmente

☐ Crearé una versión 2.0

☐ Otro: _____

MI PLAN PARA MANTENER EL ÍMPETU:

_____

_____

_____

_____

_____

_____

¡FELICIDADES!

Has completado exitosamente tu viaje de 40 días hacia una vida más clara, intencional y plena.

Este no es el final, sino el comienzo de una vida vivida con propósito. Has construido los cimientos de tu manual de vida personal, una herramienta que te acompañará y evolucionará contigo.

RECUERDA:

- Tu manual de vida es un documento vivo — actualízalo con regularidad.
- El crecimiento personal es un viaje, no un destino — sé paciente contigo.
- Los pequeños pasos consistentes crean grandes transformaciones — mantén tus hábitos diarios.
- Celebra tus logros — tanto los grandes como los pequeños.
- Comparte tu luz con otros — tu crecimiento inspira a quienes te rodean.

Tu próxima etapa: sigue viviendo con claridad y propósito. Vuelve a este manual cuando necesites orientación o motivación. La vida que sueñas está al alcance de tus decisiones diarias.

RECURSOS ADICIONALES PARA TU CRECIMIENTO CONTINUO

MONTHLY REVIEW TEMPLATE

Mes: _____ Año: _____

_____

_____

_____

_____

_____

¿QUÉ DESAFÍOS ENFRENTÉ?

_____

_____

_____

_____

_____

_____

¿QUÉ APRENDÍ?

_____

_____

_____

_____

_____

_____

¿QUÉ AJUSTARÉ PARA EL PRÓXIMO MES?

_____

_____

_____

_____

_____

PLANTILLA DE REVISIÓN ANUAL

¿CÓMO CRECÍ ESTE AÑO?

_____

_____

_____

_____

_____

¿QUÉ METAS LOGRÉ/NO LOGRÉ?

_____

_____

_____

_____

_____

_____

¿QUÉ CAMBIOS HARÉ EN MI MANUAL?

_____

_____

_____

_____

_____

_____

NOTAS PERSONALES

_____

_____

_____

_____

_____

_____

_____

ACERCA DEL AUTOR

Claudio Alvarez es un educador, motivador y apasionado defensor del crecimiento personal y el autodescubrimiento. Con más de una década de experiencia guiando a jóvenes en entornos educativos y de desarrollo personal, ha dedicado su vida a ayudar a otros a alinear sus acciones diarias con un propósito superior.

A través de su trabajo como maestro y mentor, Claudio inspira tanto a estudiantes como a adultos a reflexionar profundamente, actuar con intención y construir una vida basada en la claridad, el respeto y la autodisciplina. Su enfoque combina motivación, atención plena y estrategias prácticas para el éxito, empoderando a cada persona a crecer académica, emocional y espiritualmente.

Claudio cree firmemente que la verdadera transformación comienza desde el interior, a través de la conciencia, la reflexión y las acciones diarias consistentes. Este manual refleja su visión: ofrecer herramientas y orientación para ayudar a otros a diseñar una vida llena de sentido, propósito y alegría.

Su mensaje es simple y poderoso: *Tienes el poder de crear tu mejor vida, paso a paso.*